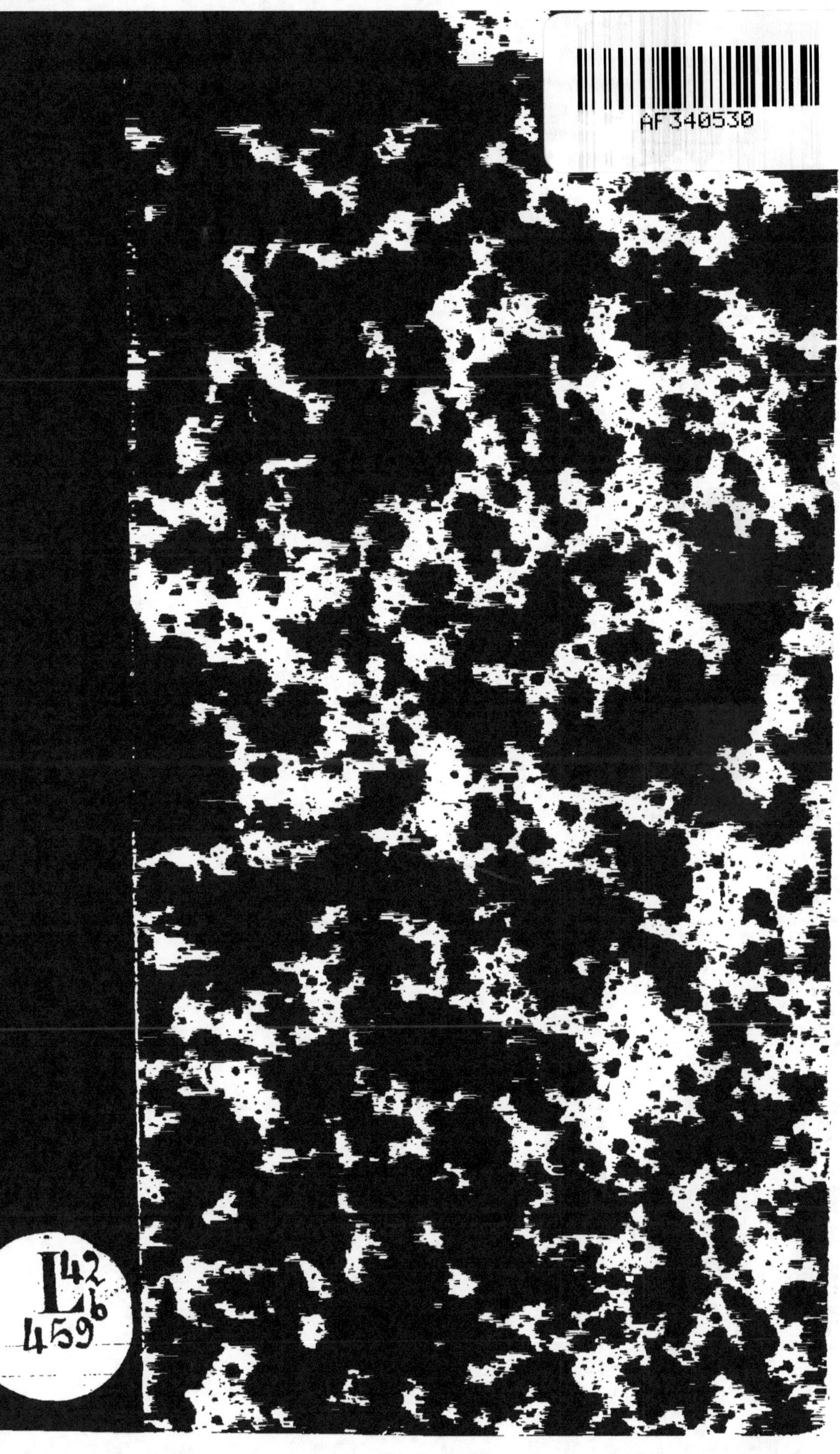

LE PEUPLE

ET LE SÉNAT,

TRAITÉS COMME ILS LE MÉRITENT.

Par MARMONTEL.

Prix, 6 sous.

Se trouve à PARIS,

Chez l'Editeur, Quai de l'Ecole, No. 10.

L'AN VI.

A V I S.

Ceux qui ont lu les ouvrages du célèbre MAR-
MONTEL , reconnaîtront facilement celui-ci pour être
une de ses productions, mais nous croyons que ce
petit écrit ne sera pas inutile au peuple pour l'éclai-
rer sur ses véritables intérêts; il n'en appréciera
que mieux la sage conduite du Directoire et du Corps
Législatif actuel , leur rendant toute la justice qu'ils
méritent.

NOTA. Nous avons joint quelques notes aux mots
qui nous en ont paru susceptibles, afin de ne rien
négliger pour mettre ce petit ouvrage à la portée
de tout le monde.

Nous déclarons qu'au terme de la Loi , nous
poursuivrons devant les Tribunaux , tous contrefac-
teurs de cet ouvrage.

LUQUES. KAMERLINCK Editeur.

LE PEUPLE
ET LE SÉNAT,
TRAITÉS COMME ILS LE MÉRITENT.

CE ne fut ni la jalousie de Pompée, ni l'ambition de César, qui perdit Rome; ce fut l'orgueil, la dureté des Patriciens, * et la dissolution de la République, presque de sa naissance, les guerres intestines élevées dans Rome depuis les Gracches, et enfin celles de Pompée et de César prirent leur source dans le Sénat, et eurent pour cause première sa dangereuse politique, et son injuste domination.

Rome sous les Consuls ** fut d'abord une Aristocratie. *** Le Sénat était Roi, le peuple était sujet. . . . . Mais les Sénateurs n'étaient que Sénateurs, et l'esprit du corps fut toujours d'abuser le peuple et de l'asservir,

---

* Descendants des premiers Sénateurs de Rome, institués par Romulus. Ils avaient le droit de nommer un Sénateur parmi leurs ancêtres.

** Premiers souverains magistrats qui gouvernaient la République Romaine; ils n'étaient que deux & gouvernaient alternativement pendant un mois, & celui qui était en exercice, avait tous les honneurs. Leur autorité ne durait qu'un an.

*** État qui est gouverné par un certain nombre de personnes considérables ou par des nobles.

A

dc se regarder soi-même comme l'état par excel-
lence, et de faire de la multitude le jouet de sa
politique et l'instrument de sa grandeur. Dès le
tems même, qu'on appelle les beaux jours de la
répul lique, on voit le Sénat partagé en trois opi-
nions a l'égard du peuple. L'une était celle d'un
petit nombre d'hommes sages, vertueux, pacifiques,
et sans autre ambition que celle du bien public;
tels que les Valerius, les Servilius, les Menenius
Agrippa, les Cincinnatus, et tous ces vrais Romains
qui, après leurs victoires et leurs triomphes, ne
laissaient pas de quoi payer leur sépulture. Ces
hommes justes, simples, modestes, ne cessaient de
représenter au Sénat, que son mépris pour le peuple était insensé; que c'était par le peuple que
l'Etat subsistait; qu'il lui devait la puissance qu'il
avait acquise, et les biens dont il jouissait; que
des hommes libres, vaillans, sans cesse sous les
armes, sans cesse vainqueurs au dehors, se las-
seraient bientôt d'être esclaves au dedans, et que
du moins par prudence on devait les ménager.

Une autre opinion était celle des Appius, des
Coriolans, de tous les jeunes Patriciens, hommes
violens et superbes, qui soutenaient que la douceur était un parti dangereux; qu'en flattant la
multitude, on la rendait plus insolente; qu'on ne
lui aurait pas plutôt cédé, qu'il faudrait lui céder
encore; et qu'enfin le peuple était fait pour souffrir et pour obéir.

Le gros du Sénat plus modéré, semblait tenir
le milieu entre ces deux partis contraires, mais en
usant des ménagemens auxquels l'obligeait sa faiblesse, il ne cédait jamais au peuple, que lorsqu'il

y était forcé, et ne se relâchait que pour le moment, de cette domination absolue et tyrannique, qui le perdit.

Si le Sénat n'eut rejetté que des demandes excessives, injustes, nuisibles à l'État; il mériterait les éloges qu'on lui a donné. Mais quelles étaient les prétentions du peuple? Qu'on retranchât de ses dettes l'usure qui le dévorait, et qu'on lui donnât pour subsister avec ses enfans et ses femmes, une portion des terres qu'il avait conquises et arrosées de son sang. Voilà les sources intarissables des troubles élevés dans Rome entre les pauvres et les riches, entre le peuple et le Sénat.

Pour sentir toute la dureté du Sénat dans le refus constant de ces demandes; il faut se rappeller qu'à Rome, dans les premiers tems, les incursions fréquentes des ennemis sur les terres de la république, et l'interruption de la culture occasionnée par des guerres continuelles, ruinaient le peuple, et rendaient les débiteurs insolvables; que livrés comme des esclaves au pouvoir des créanciers, ils étaient détenus dans d'étroites prisons, et réduits à un état cent fois pire que la servitude; que d'un autre côté le peuple n'avait d'autre métier que la guerre et l'agriculture; que les riches s'étant emparé peu à peu de toutes les terres de la république, et les faisant cultiver par leurs esclaves, à l'exclusion des hommes libres, le peuple de la ville et de la campagne se trouva n'avoir pas même pendant la paix la ressource de son travail. C'était lui faire une nécessité d'être sans cesse sous les armes; mais la guerre est un état violent, qui demande au moins du relâche; et ce peuple, qui n'allait au combat que librement et par honneur, sentait fort bien qu'il avait le droit de vivre en paix du fruit de ses victoires. Il ne souffrait pas sans se plaindre, mais il se plaignait sans se prévaloir des forces qu'il avait en main ; et plus ce bon peuple se montrait patient et modéré, plus le Sénat s'enhardissait à le tenir dans l'oppression. Non seulement on fermait l'oreille à ses plaintes ; mais si quelque Patricien en paraissait touché ; on l'accusait d'ambition, ou d'une lâche complaisance ; et on allait jusqu'à lui refuser le triomphe après les victoires les plus signalées.

Un empire si dur révoltait le peuple : il saisissait le moment où l'ennemi était aux portes, et déclarait qu'il ne prendrait les armes, qu'après qu'on l'aurait satisfait. Alors on usait de condescendance ; on lui envoyait un dictateur, * ou un consul, avec des paroles de paix et des promesses consolantes, qu'on ne manquait jamais de désavouer, quand il avait sauvé l'État.

La mauvaise foi produit la défiance. Le peuple las d'être trompé, ne s'en tint plus à des promesses vaines ; il s'obstina, dans la résolution de ne plus servir, s'il n'était soulagé. Le Sénat fléchit ; il le fallut bien : mais il n'était plus tems ; l'union était détruite, la confiance perdue, et ce qui, accordé librement aux besoins du peuple, lui aurait fait adorer ses pères, cela même, arraché par la force, ne lui fit voir dans le Sénat, que la faiblesse de

---

* C'était un Magistrat qu'on ne créait que dans des momens ou la république se trouvait dans de grands périls, le Dictateur avait une autorité absolue, mais sa puissance ne devait pas durer plus que le danger.

ses tyrans. Aussi profitant de son avantage, demanda-t-il des magistrats tirés de l'ordre des Plébeiens, * et chargés de la défense et du maintien de ses droits. Le Sénat pour avoir abusé de son autorité, fut donc obligé de consentir qu'on lui opposât celle des Tribuns ; ** et dès lors l'Etat fut divisé en deux partis ennemis l'un de l'autre.

Le Sénat aurait du voir enfin, qu'un peuple libre qui, comme lui, avait la puissance législative, qui avait de plus celle d'empêcher l'exécution de ses décrets, et qui, par la loi d'Agricola, était le juge du Sénat lui-même ; qu'un peuple à qui deux cens soixante ans de guerre avaient appris à maintenir par les armes l'autorité de ses loix, ne pouvait être retenu que par la douceur et l'équité ; mais le Sénat, au lieu de prendre pour lui-même le conseil qu'il donna dans la suite au collègue du second des Gracches, de s'attacher le peuple à force de bienfaits, ne consulta que son orgueil, et n'en eut que plus d'arrogance.

Dans un moment de disette, les Consuls avaient fait venir des blés achetés à vil prix. Les Patriciens les plus sensés voulaient qu'on les vendît de même au peuple, mais Coriolan irrité du refus que le peuple avait fait de s'enrôler et de le suivre, prétendit qu'il fallait maintenir la cherté, de peur de paraître flatter la multitude. Cette opinion prévalut,

---

* C'était les simples bourgeois de Rome ou le peuple.

** Les Tribuns du peuple étaient des magistrats qui furent nommés pour soutenir les droits du Peuple Romain contre les entreprises des Consuls, du Sénat & des Nobles. Ils étaient de famille Plébeienne.

B

et le Sénat perdit Coriolan, pour avoir suivi le conseil que lui dictait la colère. Le peuple révolté n'en fit pas moins réduire les blés à leur juste valeur ; mais Coriolan était banni ; et son exil faillit à perdre Rome. Dès qu'on vit que l'autorité du Sénat devenait odieuse, l'espérance d'engager le peuple à se donner un Roi, fit concevoir l'ambition de l'être. Le Consul Cassius, pour se concilier (dit-on) la faveur des Plébeiens, demanda pour eux au Sénat le partage des terres nouvellement conquises, et de celles, qui appartenant de droit à la république, avaient été usurpées par la Noblesse. L'intention du Consul pouvait être mauvaise ; mais sa demande se réduisait à ce que le peuple eût du pain. Le Sénat fit semblant d'accepter cette loi, mais celui qui l'avait proposée, fut condamné après son Consulat, à être précipité du roc Tarpeien, et l'arrêt fut exécuté mieux que la loi, qui en était la cause.

Cette loi si connue sous le nom de LEX AGRARIA, fut d'abord éludée par les riches, bientôt violée ouvertement, et à la fin mise en oubli. On sent bien pourquoi le Sénat laissait fouler aux pieds une loi, qui faisait le salut des pauvres : il était composé de riches.

Le peuple sans ressource, sans espoir, sans appui, car il était trahi par ses Tribuns eux-mêmes, dont le Sénat s'était fait corrupteur, ce peuple, qui tenait encore à la république, quoiqu'on fit pour l'en détacher, ne pouvait se résoudre à rompre ses liens. Mais il avait l'inquiétude d'un malade, qui change de situation, pour en trouver une moins douloureuse. Il demandait de nouvelles loix, dans l'espérance qu'elles auraient plus de force que les

anciennes

anciennes ; il demandait qu'on augmentât le nombre de ses Tribuns, et en cela il faut avouer qu'il ne savait ce qu'il voulait, car, sans l'unanimité des voix, les décisions des Tribuns étaient nulles ; et le peuple facilitait, en le multipliant, le moyen de les diviser. Il en revint à la loi agraire, et voulut que cette grande cause fut traitée dans les Comices.

Un Plébeien appellé L. Siccius Dentatus, y parla en faveur du peuple avec l'éloquence des faits. Il exposa quarante ans de service militaire, pendant lesquels il s'était trouvé à cent vingt et une bataille ; il compta les blessures qu'il y avait reçues, et toutes les marques d'honneur dont il était revenu chargé. » Si l'on ne savait à Rome (ajouta-
» t-il) quelle est ma fortune, qui ne croirait qu'elle
» est proportionnée à mes longs travaux ? Mes com-
» pagnons et moi, nous avons défendu la république
» au péril de notre vie, étendu ses frontières, con-
» quis de vastes et fertiles champs, où nous n'avons
» pas la plus petite portion, et qui sont possédées
» sans droits par des gens sans mérite, dont les
» desseins pernicieux ne tendent qu'à nous asservir. »
Malgré l'éloquence de Siccius, la loi fut différée encore; et peu de tems après il fut assassiné.

Cette façon de se délivrer des partisans du peuple, n'était pas faite pour l'adoucir. Il patientait plus qu'on ne peut croire ; mais à la fin il se faisait justice ; et l'exemple des Décemvirs* aurait du frapper

---

* C'était des Magistrats qui furent créés dans la République Romaine pour choisir & faire des loix ; ils étaient au nombre de dix & remplacèrent les Consuls, mais comme ils abusèrent de leur pouvoir, il ne dura environ que trois ans et l'on rétablit les Consuls.

le Sénat. Ce corps voyait, que de jour en jour son despotisme se détruisait de lui-même ; il voyait que chaque nouvelle injustice diminuait son autorité ; qu'il venait de perdre le droit de décerner le triomphe, pour l'avoir refusé à deux Consuls amis du peuple, à qui le peuple l'accorda. Mais son arrogance était incorrigible. Le peuple enfin, pour l'en guérir employa le plus violent remède : il exigea qu'on permît l'alliance des Patriciens avec lui, et qu'on admît au Consulat les Plébeiens qui en seraient dignes. Le Sénat révolté de ces demandes, déclara d'abord qu'il en viendrait aux dernières extrêmités, plutôt que d'y consentir ; il y consentit cependant, et se résolut à souffrir qu'entre le peuple et lui, tout fut partagé, excepté ses richesses : ce qui prouve qu'il tenait plus à l'avarice qu'à l'orgueil.

Mais flatter un moment le peuple, ce n'était pas guérir ses maux, dont les deux causes, l'usure et l'indigence ne cessaient de le désoler. Il demande encore le partage des terres ; Camille s'y oppose ; il est banni comme l'à été Coriolan ; et son exil donne le tems aux Gaulois de mettre Rome en cendres. C'était donc peu de diviser l'Etat, ces troubles le privaient de ses meilleurs appuis, de ces hommes vaillans et fiers, qui trop passionnés pour un parti, devenaient souvent les victimes de l'autre. Ce fut ainsi qu'on perdit Manlius et dans la suite les deux Gracches.

L'opulence excessive où se vit Rome après la ruine de Carthage et de Numance, le luxe immodéré que les grands étalèrent dans leurs Palais, dans leurs jardins et à leur table, ne fit que rendre plus intolérable à la multitude l'oppression ou

elle gemissait. Pour ôter à cette inégalité mons-
trueuse ce qu'elle avait de plus odieux, le Tribun
Tiberius Gracchus entreprit de renouveller la loi
du partage des champs. On a cherché des motifs
de vengeance dans la conduite de ce Tribun, re-
connu pour le plus vertueux des hommes ; mais
l'on va voir si c'est ainsi que la passion se conduit
Par la loi du Consul Cassius, aucun citoyen ne
pouvait posséder plus de cinq cens arpens de terres,
de celles qui étaient réunies au domaine, et don-
nées sous une cense par la république. Ce fut cette
loi que Gracchus voulut remettre en vigueur. La
cause du peuple était celle de l'humanité, de la
justice, de la patrie ; elle était même celle des
riches considérés comme citoyens ; mais Gracchus
pour donner encore plus d'autorité à son réglement,
prit la précaution de le faire approuver par les
hommes les plus éclairés et les plus intègres de la
république, par Appius Claudius son beau-père ;
par le jurisconsulte Mutius Scevola, et par le Souverain Pontife Crassus, personnages révérés dans
Rome. Il fit plus, sans se prévaloir du poids de
leur suffrage, il observa dans son édit une indul-
gence, une modération, qui aurait dû appaiser les
riches si l'avarice s'appaisait : il publia que ceux
qui avaient contrevenu à la loi, non seulement
ne seraient point punis, mais qu'ils seraient dis-
pensés de restituer les revenus des terres prohibées ;
il ajouta que ce que la loi retrancherait de leurs
possessions, leur serait payé par la république,
enfin il se réduisit à demander au nom du peuple,
qu'on lui fît justice pour l'avenir, laissant paisibles,
leur vie durant, ceux qui se trouvaient possesseurs
de plus de terres, qu'il n'était permis d'en avoir
aux termes de la loi. Mais rien ne put contenir

l'avidité des riches, qui, sans respect pour la dignité inviolable de ce Tribun, se déchaînèrent contre Gracchus, le traitant de séditieux et de perturbateur de leur repos, qu'ils appelaient le repos public. Ce fut alors qu'il fit cette harangue si célèbre, dont je vais citer quelques traits.

» Les bêtes les plus sauvages, (dit-il) ont leurs
» gîtes et leurs tanières, tandis que des hommes,
» et des hommes tels que les soldats et les citoyens
» Romains, sont réduits à errer çà et là avec
» leurs femmes et leurs enfans, sans avoir aucun
» lieu où ils puissent se retirer. Est-il juste que
» tant de vaillans hommes combattent avec tant de
» péril et de fatigue, pour le luxe, les richesses,
» et les superfluités de leurs concitoyens ? Comment
» les généraux qui les commandent, peuvent-ils
» leur dire, qu'ils les mènent combattre pour la con-
» servation de leurs Dieux domestiques, et de la
» sépulture de leurs ancêtres, puisque pas un d'eux
» n'a ni maison, ni Dieux domestiques, ni aucun
» lieu où leurs ancêtres aient eu le droit d'être en-
» sevelis ? On vous appelle, (ajouta-t-il en parlant
» au peuple) les maîtres de la terre ; quels maîtres !
» qui n'en possèdent pas le plus petit espace, dont
» ils puissent disposer, et dont il leur soit permis
» de se faire une hutte ; et cela, tandis que d'au-
» tres, sans fatigues et sans péril, possèdent d'im-
» menses domaines. « A ces mots il en ajouta d'in-
téressans pour l'avarice même : la sureté des possessions, l'espoir de les étendre, le danger de les
perdre, si on laissait périr de misère, ceux qui pou-
vaient seuls les garder. Tout fut mis en usage par
ce courageux citoyen. Quel fut le succès de son
zèle. Peu de jours après cette harangue, il fut as-

C

sommé dans le capitole, * par l'ordre et sous les yeux du Sénat, à la tête duquel marchait Scipion Nasica, Souverain Pontife, l'un des plus riches Patriciens, qui mourut peu de tems après dans l'opprobre et dans les remords.

Le meurtre de Gracchus n'appaisa point la rage des grands et des riches, ils outragèrent son cadavre et ceux de ses amis; et les firent trainer dans le Tibre; l'un d'eux même fut enfermé vivant dans un tonneau avec des vipères et des serpens; et ce fut pour punir des hommes ¡qui voulaient qu'on retranchât quelque superfluité au luxe immodéré des riches, afin de subvenir aux besoins des pauvres, que ce supplice fut inventé.

C. Gracchus, frère de Tiberius, aussi vertueux et plus éloquent encore, fut bientôt, comme lui, la victime de son zèle pour le peuple, et de la haine des Grands, mais avant de mourir, il éleva le Tribunal des Chevaliers, pour juger et punir les prévarications des Sénateurs: coup terrible pour la puissance et la dignité du Sénat.

---

* D'après ce trait on peut juger de ce qui serait arrivé dans la dernière conspiration, si le Dirctoire n'eut par son courage, fait échouer les complots de nos vils ennemis.

Le peuple qui, par une lâcheté * inconcevable, avait abandonné ses généreux défenseurs, revenu d'un moment d'effroi, n'en eut qu'une plus forte haine pour ses tyrans, qui l'avaient fait trembler. La Tribune et le Champ-de-Mars, qui jusques au meurtre des Gracches, n'avaient jamais vu couler de sang, en furent dès lors inondé, et Rome devint un coupe-gorge.

On sent avec quelle facilité le peuple réduit au désespoir, dût se livrer au premier des siens qui osa lever l'étendard de la révolte, ou au premier Patricien qui le prit sous sa protection; de là tant de guerres civiles, qui coup sur coup, se rallumaient et renaissaient comme de leurs cendres, jusqu'à ce que le Sénat et le peuple furent liés au même joug.

On a dit que le Peuple Romain n'était plus digne d'être libre; c'est le Sénat, comme on vient de le voir, qui n'était pas digne de le gouverner. Son orgueil, qui l'avait mis si bas, le suivit dans son

---

* Il serait injuste de faire le même reproche au peuple Français; au contraire, il ne mérite que des louanges pour le courage qu'il a toujours montré à soutenir la liberté, et pour la confiance qu'il a toujours eu en ses magistrats; confiance dont il ne peut se repentir et qui a porté le désespoir dans le cœur de ses ennemes. On ne peut donc lui comparer le peuple Romain, que par ses vertus.

D

humiliation ; et après avoir ruiné les fondemens de
la république, il achève de la renverser.

A mesure que le Sénat devenait plus odieux au
peuple, il était plus ardent à persécuter ceux des
siens que le peuple favorisait ; et dans son sens,
l'ami du peuple était l'ennemi de l'Etat. Ce n'etait
pas sans raison qu'il se défiait des hommes puissans
et populaires; il avait réduit le peuple à désirer
un autre joug que le sien; mais son inquiétude om-
brageuse et farouche, accélérait sa chûte, au li
de la retarder. Telle était la situation des cho
du tems de Pompée et de César ; « ayant,
» Plutarque, les misères passées réduit lo ville
» Rome au point, que n'espérant pas de pouvo
» jamais recouvrer sa liberté, elle ne cherchait plus
» que la plus douce et la plus équitable servitude.
Cependant ni César, ni Pompée ne pensaient à
l'asservir; Pompée l'eut pu à son retour d'Asie;
mais son ambition était remplie après son triomphe,
s'il eut trouvé dans le Sénat la considération qu'il
devait y avoir; et ce ne fut que les mauvaises
manières que celui-ci uet constamment pour lui ,
qui le fit entrer avec joie dans l'idée de César, et
former avec lui ce fameux Triumvirat, * qui fut le

---

* C'était un gouvernement absolu de trois personnes. Il
y eut à Rome deux fameux Triumvirat, le dernier causa
la perte de la liberté de la République.

qui fut le coup mortel pour l'autorité du Sénat, et
dont la dissolution alluma plus que jamais la guerre
civile, et fit tous les malheurs de Pharsale.

F I N.

De l'Imprimerie de R A M E T, rue de la
Coutellerie, N°. 27.

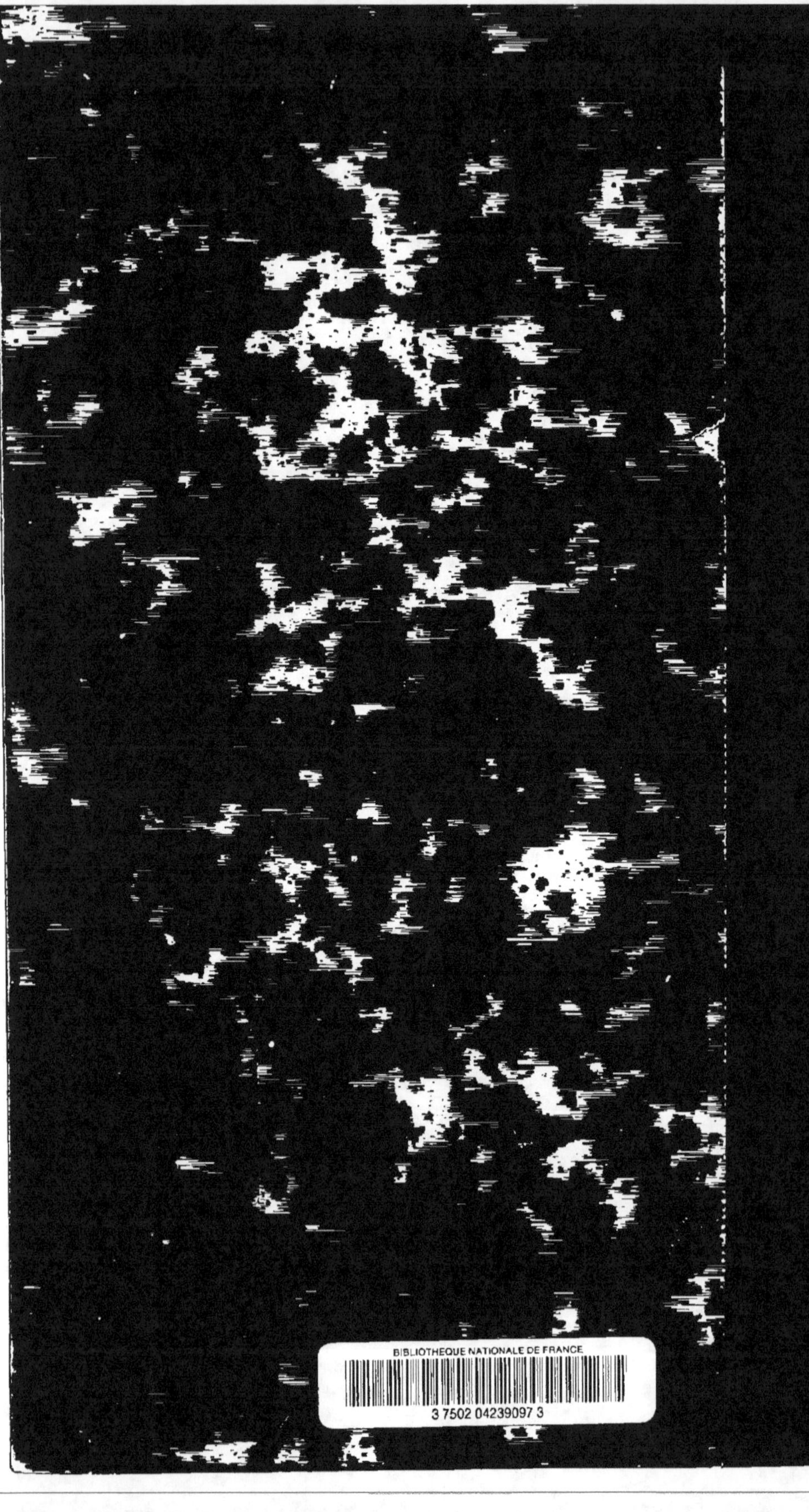

BIBLIOTHEQUE NATIONALE DE FRANCE
3 7502 04239097 3